I0229027

L^{27}_{m}
43627

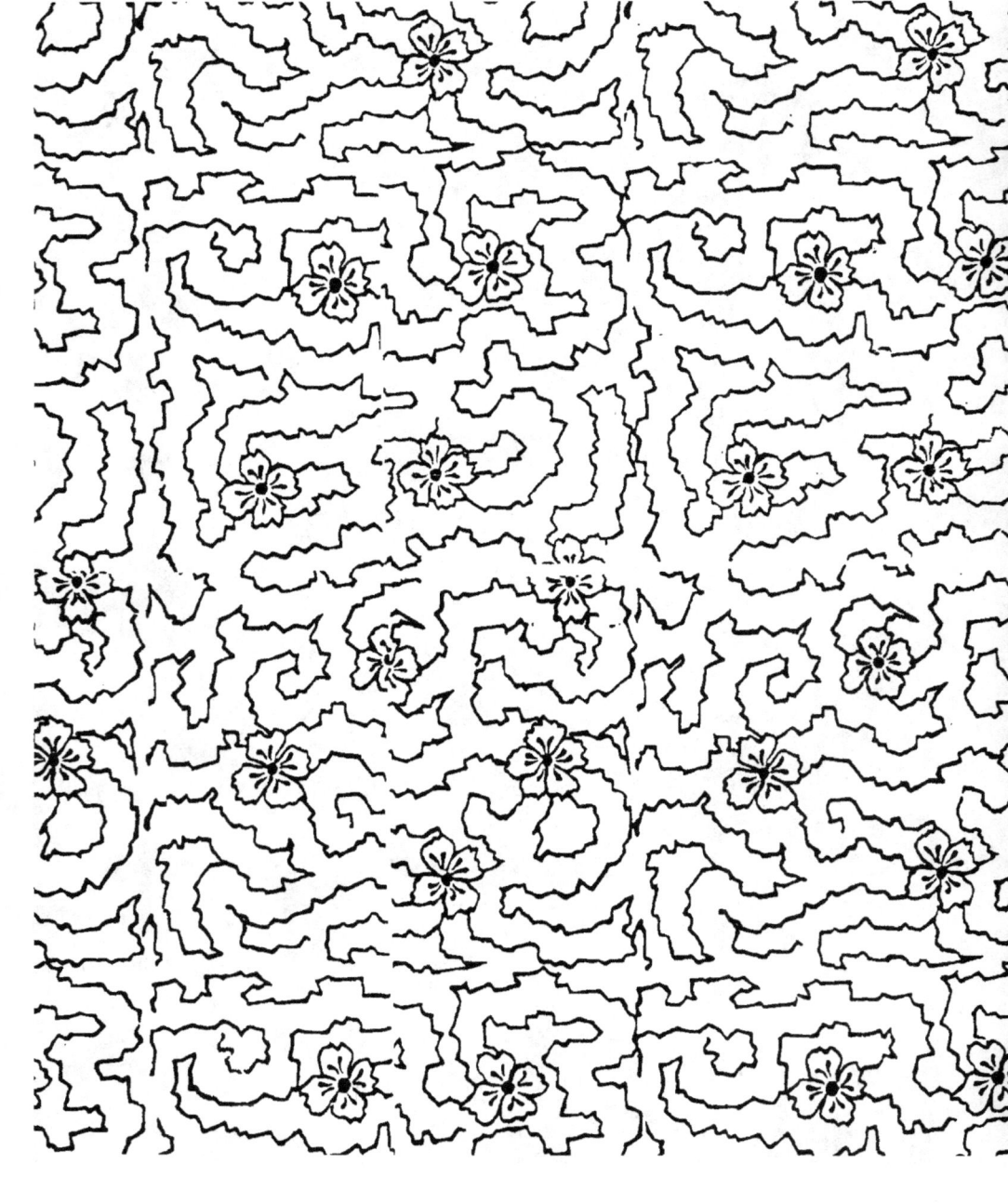

NOTICE

SUR

SAINT BERTHAULD.

Vue de Chaumont (D'après une ancienne estampe.)

NOTICE

SUR

SAINT BERTHAULD

APOTRE ET PATRON DE CHAUMONT-PORCIEN,

par le P. Ch. CLAIR, S. J.

ARTHUR SAVAÈTE, Éditeur,
76, rue des Saints-Pères, PARIS.
1895.

AU LECTEUR.

Même quand il s'agit des Saints les plus célèbres, il est malaisé, en l'absence de documents contemporains, de démêler l'histoire de la légende. Parfois celle-ci, comme le lierre au tronc du chêne, s'enroule autour du fait certain et se confond si bien avec lui, qu'il faut y regarder de près pour discerner ce qui revient à l'une ou à l'autre.

Non pas que tout soit faux dans ces récits naïfs, frondaison luxuriante de l'imagination populaire qui, symbole ou métaphore, embellit sans trop la défigurer la réalité sévère. Le plus souvent, c'est la nature intime du héros que la légende met le mieux en relief ; c'est la vertu caractéristique, le genre de vie, l'action morale qu'elle décrit en paraboles, pour la rendre plus sensible à l'esprit des petits et des simples, qui sont le grand nombre.

Et voilà ce qui nous arrive au sujet de saint Berthauld, le glorieux ermite, l'apôtre et le patron de Chaumont-Porcien.

Son existence n'est pas douteuse, non moins que sa mission bienfaisante. Quant aux divers détails de sa vie, il y a évidemment un choix à faire. Comme Joseph de Maistre le dit des Papes, les Saints, après tout, n'ont besoin que de la vérité. Nous tâcherons de la dégager d'abord, de la montrer dans son austère simplicité, sans toutefois omettre cette part de merveilleux qui la revêt d'un voile gracieux et transparent, et ajoute le charme de la poésie à l'intérêt de l'histoire.

CHAPITRE I.

Saint Berthauld d'après ses Actes.

Es *Actes*, c'est-à-dire la vie écrite de notre Saint, ne remontent pas au-delà du XIe ou du XIIe siècle, et par conséquent ne sont que l'écho des vieilles traditions locales.

Voici comment nous les trouvons résumés aux Matines de son Office en usage à l'abbaye de Chaumont. Cette version, reproduite par les Bollandistes (1), est un peu plus développée, mais la même au fond que celle qu'on lit encore aujourd'hui dans le Propre du diocèse de Reims.

Berthaldus ou Berthauld (2), fils de Théold, roi de *Scotie,* et de Berthe, instruit dès le jeune âge dans les lettres humaines et saintement élevé dans la piété chrétienne, excité par ces paroles de l'Apôtre : *Jésus-Christ a souffert pour nous, vous laissant son exemple pour que vous suiviez sa trace,* préféra la gloire d'imiter le Sauveur à l'honneur du sang royal.

---

1. *Acta Sanctorum,* T. III Junii, p. 98 et seq.
2. Berthaldus, Berchtold, Berthou, Berthoud, Berthauld, Bertaud, Berton. (P. Ch. Cahier, *Caractéristique des Saints,* ad nomen.)

Joignant à la componction du cœur la macération du corps et la pieuse et salutaire méditation de la Passion du Seigneur, il entreprit un religieux pèlerinage aux Lieux Saints, où Jésus-Christ, après tant de travaux et de tourments, subit la mort pour nous. A la vue de cette terre consacrée, embrasé du plus ardent amour pour Dieu, il résolut, homme de saints désirs, de quitter son pays, sa famille et la maison de son père. Prenant pour compagnon saint Amand, jeune encore, mais déjà fidèle serviteur du Christ, il dit adieu à ses proches, à sa patrie, et après un très long et très pénible voyage, il parvint enfin au pays des

Rémois, dans le comté de Porcien.

Il y avait là une montagne nommée Chaumont, *Calvus mons,* pleine de reptiles et de serpents, où retentissaient les hurlements des mauvais esprits. Berthauld la gravit avec Amand, son ami, la délivra de leurs assauts par ses prières et sa présence et y construisit une cabane de rameaux et de feuillage.

Mais bientôt, comme ces hommes pieux pratiquaient la pauvreté volontaire et mendiaient leur pain de porte en porte, voici que les habitants du pays, craignant que le séjour de ces étrangers ne leur attirât quelque calamité et redoutant de prétendus maléfices, les poursuivent de leurs clameurs et prétendent les expulser. Cet émoi peu à peu calmé par la puissance divine, le nom, la vertu, la sainteté des serviteurs de Dieu se font connaître au loin. La multitude les visite dans leur solitude et se forme auprès d'eux à la piété. Les affligés consolés, les malades guéris voient leurs vœux exaucés. Jaloux de ce succès, notre ennemi commun leur livre divers combats ; mais il est vaincu et mis en fuite par leur foi constante, leurs prières et leur sainte vie.

Or, en ce temps-là, le bienheureux Remi gouvernait l'Église de Reims. La renommée de ses vertus et de sa doctrine attira près de lui Berthauld et son ami Amand. Reçu avec bonté, instruit dans la science divine, adopté pour fils spirituel, l'ermite revint dans son désert avec son compagnon, pour célébrer le sacrifice de la Messe saintement et religieusement, dans l'oratoire qu'il avait construit non loin de sa cabane et où il fut souvent consolé par des visions célestes.

Dès ses tendres années, il avait marché par la voie des commandements de Dieu, brillant à tous les yeux par la sainteté de ses mœurs, fuyant comme le poison le dangereux commerce de la jeunesse frivole, assidu aux conversations des vieillards, sur la conduite desquels il s'efforçait de régler la sienne. A mesure qu'il avançait en âge, il fit de tels progrès dans la vertu, gouverna tous ses actes avec tant de modestie et de sagesse, que, rien qu'à le voir, on glorifiait Dieu. Il était, en effet, la règle de l'équité, la lumière de la vérité, le miroir de la chasteté, le lien de la charité et la parfaite image de la chrétienne pauvreté. Telle fut sa sainteté qu'il ressuscitait les morts, délivrait les possédés et guérissait les malades qui venaient implorer son aide.

De novice passé maître en philosophie sacrée, il attira bientôt des disciples qu'il façonnait à la vertu, parmi lesquels on signale deux vierges, Olive et Libérète, qui dès lors s'acheminèrent par la voie étroite. Leur souvenir se perpétue grâce à deux fontaines qui gardent leurs noms et coulent dans le bois où elles menèrent la vie pénitente (1).

Or, après que Berthauld eut passé dans ledit lieu environ cinquante-trois ans, modèle pour tous d'obéissance, d'abstinence, de patience, de pauvreté volontaire, d'humilité et de vraie piété, plein de jours, ayant pressenti sa fin,

---

1. Ce paragraphe, inséré dans le nouvel Office du Saint, est extrait de l'*Historia ecclesiastica remensis*, par Guillaume Marlot, liv. II, c. 16.

il appela Amand, son fidèle ami. Et après lui avoir ouvert son âme et dit en quel lieu il voulait être enseveli, s'écriant d'une voix forte : *Entre vos mains, Jésus-Christ, je remets mon âme*, il la rendit à Dieu, bienheureuse et prête à partir pour le Ciel.

Après son saint trépas, ceux que travaillaient diverses infirmités, venaient à son tombeau et s'en retournaient guéris. D'infinis miracles y furent obtenus et chaque jour des merveilles y sont opérées par Celui qui, Dieu unique en trois personnes, vit et règne, béni dans les siècles des siècles (1).

---

1. V. Office propre du Bréviaire de Reims ; — Bol-

landistes, loco cit. ; — Marlot, *Hist. eccles. remens.;* — Lieutau, prieur de Chaumont, *Vie de saint Berthauld* (Reims, 1634); *Martyrologium gallicanum,* ad diem XVI junii : *Celebratur Sanctus Berthaldus, confessor, Remis, emeritæ beatitudinis præclarus;* — Henricus Fitzsimon, *Catalog. Sanctorum præcipuorum Hiberniæ, etc.*

CHAPITRE II.

Saint Berthauld d'après l'Histoire et la Tradition.

CE pieux récit, dont nous avons tâché de faire passer dans notre traduction littérale la touchante simplicité, suffit à nous donner une haute idée de la sainteté de l'ermite-apôtre. Toutefois, quand il s'agit d'un de nos ancêtres dans la foi, bien légitime est la curiosité qui voudrait en savoir davantage. Essayons de la satisfaire, autant qu'il est possible, à l'aide des renseignements, par malheur peu nombreux et souvent peu précis, que nous fournissent l'histoire et la tradition.

§ I. — SON PAYS.

Le berceau de notre Saint est enveloppé d'ombres qu'il est assez difficile de dissiper. L'histoire du IVe et du Ve siècle est, en effet, muette au sujet d'un roi Théold et d'une reine Berthe qu'on donne comme ayant alors régné sur la *Scotie* ou l'Écosse.

L'Ecosse, telle que nous l'entendons aujourd'hui, n'existait pas encore, il s'en faut bien. Il s'agit probablement de la *Scotia* du moyen-âge, c'est-à-dire de cette partie de la presqu'île calédonienne occupée par les Scots, colonie d'Hibernois et par conséquent originaire d'Irlande.

On sait que la Scotia n'était primitivement que l'Irlande elle-même. Plus tard, cette dénomination s'étendit aux colons irlandais établis en Calédonie, et devint leur apanage exclusif seulement vers le XIIe et le XIIIe siècle, au moment où la puissance des vrais Scots disparaissait devant la conquête anglo-normande.

Vers l'an 500 de l'ère chrétienne,

cinquante ans environ après la naissance de saint Berthauld, une colonie d'Irlandais ou de Scots, comme on disait alors, traversa la mer qui sépare le nord-est de l'Irlande du nord-ouest de la Grande-Bretagne, et se créa un établissement entre les Pictes du nord et les Bretons du midi, à l'embouchure de la Clyde et dans la contrée qui a pris depuis le nom d'Argyle.

Les chefs ou rois de ces émigrants étaient destinés à devenir la souche de ces fameux et infortunés Stuarts qui ont régné sur l'Écosse et sur l'Angleterre (1). Est-ce parmi eux qu'il

---

1. Montalembert, *Les Moines d'Occident*, T. III, passim et surtout p. 172.

faut chercher le roi Théold, père de notre saint ?

Quoi qu'il en soit, il n'est pas exact de dire, comme un récent historien de saint Berthauld, que son père « régnait sur une province d'Irlande habitée par les Scots ou Écossais; » les Scots d'alors, répétons-le, étaient au contraire des Irlandais, et ceux dont il s'agit étaient, par suite d'une émigration relativement récente, établis en Calédonie, qui, bien plus tard seulement, prit d'eux le nom d'Écosse.

D'où nous pouvons conclure que saint Berthauld, ayant du sang irlandais dans les veines, appartenait par sa famille à cette terre héroïque et féconde que l'histoire a baptisée du nom glorieux d'*Ile des Saints*.

§ II. — SON ENFANCE.

Je sais bien que les savants Bollandistes ont mis en doute l'origine insulaire de notre Saint, sous prétexte que les noms de Théold et de Berthe ont une consonance plutôt franque ou teutonne. Mais cet argument philologique ne paraît pas d'assez grande valeur pour contrebalancer une tradition immémoriale. Les mêmes sévères critiques tirent une preuve confirmative du *nom*, évidemment latin, d'Amandus, le compagnon de Berthauld. Mais nous remarquerons avec Montalembert (1) que plusieurs Saints du calendrier irlandais portent un nom symbolique emprunté au latin, tels que Colomban, le fondateur de l'abbaye de Luxeuil, et Colomba, l'apôtre de la Calédonie.

Nous ignorons en quelle année naquit le futur apôtre. Il vécut, dit-on, cinquante ou cinquante-trois ans dans son désert de Chaumont, où il arriva très jeune encore. Ce qui donne à croire qu'il mourut septuagénaire. Par malheur, on ne s'accorde guère sur la date de son bienheureux trépas. Les nouvelles Leçons de son Office la fixent

---

1. T. III, p. 105.

au 16 juin, — d'autres disent 16 juillet, et « environ » à l'an 505. Son vieil historien Lieutau, d'après deux cartulaires de l'abbaye de Chaumont dont il était prieur, tient pour 525, tandis qu'il en est d'autres qui reportent sa mort à 545.

Saurions-nous exactement l'âge auquel il acheva sa vie terrestre, l'époque de sa naissance n'en resterait pas moins indécise.

Il reçut, il est vrai, la prêtrise des mains de saint Remi, qui, né en 437, baptisa Clovis en 496 et mourut en 533. Mais encore ici, malgré ce point de repère, toute conclusion, même approximative, est impossible.

Admettons donc, seulement comme probable, l'opinion courante qui fait naître Berthauld *vers* 452.

Les *Actes* racontent qu'il fut « instruit dès le jeune âge dans les lettres humaines. » — Il n'y a pas lieu de s'étonner qu'un jeune prince ait étudié la grammaire, la rhétorique, la philosophie même au milieu d'une cour barbare, vers la fin du Ve siècle. Sans doute, dans les montagnes de la Calédonie, les mœurs étaient encore brutales et les fils de ces rudes guerriers, en lutte perpétuelle avec les Bretons et les Pictes, préféraient pour la plupart les violents exercices du corps aux paisibles loisirs de l'étude. Cependant la culture de l'esprit, la poésie surtout, héritage des vieux bardes, était en grand honneur, et pour citer l'exemple d'un contemporain de saint Berthauld, le célèbre saint Cadoc, fils du farouche Guan-Liou, l'un des rois de Cambrie, élevé par un moine irlandais, apprenait la grammaire latine dans Donat et Priscien, pleurait amèrement sur le sort de Virgile, son poète préféré, et, poète lui-même, chantait :

> Sans science pas de puissance,
> Sans science pas de sagesse,
> Sans science pas de liberté,
> Sans science pas de beauté.

Philosophe, il parlait en aphorismes profonds, parfois sublimes :

Qu'est-ce que l'amour ?
— Le Ciel.
Qu'est-ce que la haine ?
— L'Enfer.
Qu'est-ce que la conscience ?
— L'œil de Dieu dans l'âme de l'homme.

Sous la conduite de quelque moine, le jeune Berthauld put donc apprendre non seulement les lettres profanes, mais ce qu'on nommait si bien les saintes Lettres, au point que, lisant saint Pierre, il comprit, par l'esprit, par le cœur surtout, cet abrégé de toute la perfection chrétienne : *Jésus-Christ a souffert pour nous, vous lais-*

sant son exemple pour que vous suiviez sa trace (1).

Les Scots venus d'Irlande en Calédonie étaient chrétiens depuis la conversion de leur île par saint Patrice. Plusieurs sans doute n'avaient de la religion qu'une connaissance et surtout une pratique bien imparfaite (2), mais Théold et Berthe, à en juger par ce que devint leur fils, étaient dignes d'élever un saint. C'est par ses résultats seulement que nous pouvons apprécier cette éducation chrétienne au sujet de laquelle quelques historiens,

---

1. Petr. 2, 21.

2. Saint Colomba, en 560, dut leur prêcher à nouveau l'Évangile.

en particulier le bon prieur Lieutau, essaient de fournir des détails qui ne sont que des lieux communs.

§ III. — SON PÈLERINAGE AUX SAINTS LIEUX.

Les Scots ou Irlandais avaient, dès ce temps-là, comme leurs descendants actuels, l'humeur aventureuse, et l'on peut dire d'eux ce que M. de Montalembert a dit de leurs moines : « Ce qui imprime un caractère uniforme et très reconnaissable à tous les saints moines d'origine celtique, c'est leur goût effréné pour les voyages lointains et fréquents, et c'est un des points par lesquels les Anglais modernes leur ressemblent le plus. A cette époque reculée, au milieu des invasions barbares et de la désorganisation générale du monde romain, par conséquent en présence d'obstacles dont rien dans l'Europe actuelle ne peut donner la plus légère idée, on les voit franchir des distances immenses, et, à peine revenus d'un pèlerinage laborieux, le recommencer ou en entreprendre un nouveau. Le voyage de Rome ou même de Jérusalem, qui se retrouve dans la légende de presque tous ces saints Cambriens ou Irlandais, semble n'avoir été qu'un jeu pour eux (1).

---

1. *Les Moines d'Occident*, T. III, p. 43.

Il n'est donc pas étrange qu'un jeune homme ait entrepris cette course lointaine, accompagné sans doute d'une troupe de pieux et intrépides pèlerins.

§ IV. — SON EXIL VOLONTAIRE.

Du Ve au VIIIe siècle, l'Irlande fut un des principaux foyers du christianisme dans le monde. Saint Patrice et ses collaborateurs y avaient fondé d'innombrables communautés où se forma toute une population de savants, d'écrivains, d'architectes, de poètes et surtout de prédicateurs et de missionnaires, qui se répandirent chez les

Francs et les Burgondes, sur les bords du Rhin et du Danube et jusqu'aux extrémités de l'Italie.

Ces apôtres, habiles agriculteurs, étaient des navigateurs intrépides. Leurs navires passaient continuellement d'Irlande en Grande-Bretagne et jusqu'en Gaule. Au monastère d'Iona, fondé par saint Colomba, on chantait :

Honneur aux soldats qui vivent dans Iona !
Ils sont trois fois cinquante sous la règle mo-
Dont soixante et dix pour ramer   [nastique,
Et traverser la mer dans leurs barques de cuir.

Évidemment les Irlandais transplantés en Calédonie avaient gardé les mœurs de leurs compatriotes. Quand ils avaient au cœur une foi vive, leur amour des périlleuses aventures s'élevait jusqu'au zèle héroïque qui fait les apôtres. Ainsi en fut-il sans doute pour le jeune fils de Théold, qui, à peine revenu d'un long pèlerinage, se résolut à tout quitter pour aller en des contrées lointaines annoncer l'Évangile.

Il gagna à son projet son ami Amand, et tous deux, peut-être en secret et à l'insu de leurs parents, parvinrent au bord de la mer.

Le naïf historien de saint Berthauld, Lieutau, prieur de Chaumont, suppléant au silence des Actes, fait un récit détaillé de leur pieuse expédition, qu'il embellit d'événements merveilleux.

« C'était la mer qui coupait le chemin et les mettait dans une juste appréhension d'être attrapés, s'il fallait attendre le jour suivant ; mais, tandis qu'ils étendent leur vue sur la largeur et la longueur de l'Océan, ils aperçurent au bord et sur le rivage une planche d'un navire brisé qui flottait et semblait s'offrir à leur nécessité... Saint Berthauld, espérant vivement en la bonté divine, tomba sur sa face en terre, pleurant et priant Dieu quelque peu de temps. Puis, élevé de l'oraison, il fait le signe de la croix sur cet ais de bois et, en se recommandant à Dieu, ils s'exposent dessus la mer à la merci des vagues, orages et tempêtes. Mais ne craignez rien, sainte et heureuse compagnie : la providence de Dieu vous conduit ; c'est un pilote qui apaise les tempêtes. A la parfin, ils arrivent à bon port. Je vous laisse à penser si cette merveille tira des actions de grâces ! »

Certes nous ne mettons pas en doute la possibilité du miracle, et la vie des Saints est remplie de faits analogues.

Saint Lazare de Béthanie, mis avec ses deux sœurs Marthe et Marie sur une barque désemparée, parvint heureusement aux rives de Provence.

Saint Bertin, moine de Luxeuil et apôtre du pays de Thérouanne, s'abandonna, dit-on, au gré des flots sur un bateau sans voiles... Il est à regretter que l'hagiographe du XVIIe siècle ait omis de nous dire à quelles sources il avait puisé.

§ V. — SON VOYAGE EN GAULE.

Il est probable que le jeune pèlerin aborda sur les côtes de l'Armorique. On signale à cette époque des navires irlandais jusque dans le port de Nantes.

« Et après avoir parcouru quelques

provinces des Gaules, il parvint aux environs de Reims avec son compagnon Amand, conduit par un lion qu'il eut pour guide, dit-on, durant tout le voyage (1). »

Le bon prieur de Chaumont raconte, mais avec détail, le même prodige. « En cette perplexité, ayant recours à l'oraison, refuge ordinaire des âmes saintes, arrachant du plus profond de son cœur ces paroles : *Regardez, Seigneur Tout-Puissant, sur l'œuvre de vos mains et adressez vos pauvres serviteurs,* — cela dit, il ouït le rugis-

---

1. Duce leone quem comitis loco toto itinere habuisse narratur (Marlot, *Histor. Eccl. Remensis*, l. II, c. 16).

sement d'un lion retentir dans une épaisse forêt auprès de laquelle il se trouvait pour lors avec Amand son intime ami ; et on eût dit et cru que cette bête hâtait le pas pour dévorer ces pauvres fugitifs. Et, bien que du commencement le serviteur de Dieu fût saisi de crainte, si est-ce toutefois que, fortifiant son âme royale d'une singulière confiance en Dieu, il avance ces paroles : *Le Seigneur est mon Dieu; que dois-je craindre ?* Cela dit, voici que le lion, envoyé par la Providence divine pour servir de guide et de conduite, approche du Saint, blandissant de la queue, et comme un chien se couche devant lui, paraissant doux comme un agneau, montrant par plusieurs mouvements qu'il était envoyé de DIEU pour les servir et conduire.

» Et à cet effet il offre son col, afin de porter quelque petit paquet que ces pèlerins avaient pour le soulagement de leur voyage ; puis, marchant le premier, par des gestes notoires et assez manifestes montrait comme Berthauld et Amand le devaient suivre. Voilà comme le lion précède et l'agneau suit ; duquel le dévot pèlerin soulagé priait d'esprit et disait : *Seigneur Dieu, montrez-moi vos voies et m'enseignez vos sentiers ;* de sorte qu'après l'avoir suivi plusieurs longues journées et frayé des chemins bien pénibles, finalement ils arrivèrent à Château-Porcien, une petite ville fort ancienne et très recommandable pour plusieurs belles conditions et qualités, mais surtout pour son intégrité et grand zèle de la religion chrétienne. O glorieux Saint, grand ami de Dieu, reposez-vous un peu en cette ville. »

Il est certain que le lion a toujours été donné pour attribut à notre saint ermite. Les Actes, il est vrai, ne disent rien de sa providentielle intervention, mais un ancien cartulaire de l'abbaye de Chaumont raconte que « Dieu leur envoya un lion pour leur servir de guide (1). » Lions, ours, loups et autres bêtes féroces jouent un grand rôle dans la légende des Saints, comme on voit dans la vie de saint Paul ermite, de sainte Marie-Égyptienne, de saint Jérôme, de saint François d'Assise et de tant d'autres. Resterait néanmoins à expliquer la présence du roi des déserts de Lybie sur les rivages de l'Armorique ou dans les forêts des Ardennes. Contentons-nous d'observer que le lion se voit fréquemment dans les représentations des solitaires pour signifier, en quelque lieu que ce soit, la vie érémitique, par allusion sans

---

1. Archives des Ardennes, ch. de l'abbaye de Chaumont.

doute à ce texte de la sainte Ecriture touchant Notre-Seigneur au désert : « Il était dans le désert avec les bêtes fauves (1). »

§ VI. — SON ARRIVÉE A CHAUMONT.

« D'un grand matin, nos saints Écossais, sortant du Château en Porcien, suivent, non pas une étoile, mais bien le lion qui s'achemine vers la montagne de Chaumont. Le lion donc précède saint Berthauld, l'agneau suit avec Amand, son fidèle compagnon. Or, de Château à Chaumont il y a

---

1. Saint Marc, I, 13.

environ trois lieues de distance, et tout le chemin n'était alors comme à présent ouvert, mais bien presque tout rempli de bois, surtout aux environs de la montagne. On ne voyait que des grandes forêts et ce, plus de deux, voire plus de trois lieues d'étendue ; on ne voyait au milieu de tant de profondes vallées que des précipices et des bêtes sauvages, et en haut une grande montagne chauve et blanche de la craie dont ce lieu est rempli, et quelques petits halliers et buissons, parmi lesquels les serpents et les bêtes venimeuses faisaient leur retraite ; et on entendait assez souvent la clameur des malins esprits.

» Cependant le lion tire chemin vers cette montagne, suivi de nos pèlerins ; et comme cet animal fut arrivé au sommet de ce *Chauve-mont*, il frappe du pied en terre et veut montrer, autant qu'il peut, que ce lieu est élu de Dieu pour la demeure de ses serviteurs.

» Portant la croix entre ses mains, Berthauld fit une belle procession avec Amand par tout le parcours de la montagne et la dressa au milieu de son ermitage, en vertu de laquelle il donna la fuite à tant d'ennemis visibles et invisibles qui ne peuvent supporter la présence du blason de Celui qui est appelé Nazaréen, c'est-à-dire florissant. Ce qui est tellement conforme à la vérité de l'histoire, que depuis lors on voit encore pour le

présent que les habitants de Chaumont ont reçu et retenu la croix pour patronne de leur paroisse (1). »

§ VII. — SON ORDINATION PAR SAINT REMI.

Ce fut un grand bonheur et c'est une grande gloire pour saint Berthauld d'avoir été le disciple de saint Remi.

Né lui-même de noble maison, — il était fils du comte de Laon, — élevé à l'épiscopat dès l'âge de vingt-deux ans, apôtre des Francs, dont il baptisa le roi Clovis, un des plus savants et des plus éloquents hommes de son siècle, mais plus fameux encore par ses vertus et par ses miracles, Remi était digne d'imposer les mains au gé-

---
1. Lieutau, ch. VIII.

néreux pèlerin qui avait tout quitté pour Jésus-Christ, de bénir le pieux ermite qui faisait fleurir le désert, d'instruire l'apôtre qui venait féconder de ses sueurs une partie encore inculte du champ que l'évêque avait à féconder.

§ VIII. — SES DISCIPLES.

Parmi les disciples de saint Berthauld, la première place revient de droit à son fidèle ami saint Amand, sur lequel nous n'avons malheureusement que des renseignements insuffisants et même contradictoires.

Après lui apparaissent les douces figures d'Oliva et de Libertas, — Olive et Libérète, ses filles spirituelles dont parle la légende de l'Office et au sujet desquelles une ancienne tradition, toujours vivante dans le pays, nous transmet de touchants détails.

On croit qu'elles étaient sœurs, plus unies encore par la piété que par le sang, et qu'elles étaient nées à Hauteville, petit village situé à une lieue et demie de Chaumont. Leurs parents étaient chrétiens, de noble maison et comblés des biens de la fortune. Ils avaient élevé leurs filles dans la crainte et l'amour de Dieu, soucieux avant tout de leur laisser leur foi et leurs vertus en héritage.

Attirées par la réputation du saint

ermite, elles se mirent sous sa conduite, et guidées plus encore par ses exem-

ples que par ses conseils, elles ne tardèrent pas à faire de rapides progrès dans la voie de la perfection chrétienne. Bientôt il ne leur suffit plus de franchir fréquemment la longue distances qui le séparait de Chaumont ; elles voulurent, elles aussi, renoncer à toute chose au monde, se consacrèrent à Dieu par le vœu de virginité et se firent construire, dans le bois de Chaumont aujourd'hui disparu, deux petites cabanes, éloignées l'une de l'autre d'une centaine de pas, près de deux fontaines qui se voient encore et dont chacune est consacrée au souvenir de l'une d'elles. Une simple croix de bois signale la fontaine qui porte, ainsi qu'une ferme du voisinage, le nom de sainte Libérète.

On fréquente surtout la fontaine de

sainte Olive, près de laquelle s'élève une petite chapelle, où l'on vient prier particulièrement pour la guérison des fièvres. Vers l'an 620, les reliques des deux vierges furent pieusement recueillies et réunies à celles de saint Berthauld, de saint Amand et de saint Vivien, avec lesquelles elles demeurèrent près de mille ans, dans l'église de saint Berthauld de Chaumont (1).

Mais en 1792, pendant le pillage de l'église de la Piscine, les saints corps furent tirés de leurs riches reliquaires et disparurent, sans qu'il reste aucun espoir de les recouvrer jamais. Seul

---

1. Cartulaire de Chaumont, cité par l'abbé Lannois, *Notice sur l'abbaye de Chaumont*.

le chef de saint Berthauld, ainsi que nous le disons plus loin, échappa à la profanation.

La chapelle bâtie près de la fontaine de sainte Olive, souvent détruite au milieu des dissensions civiles et religieuses, pendant les guerres d'invasion ou les luttes intestines, a toujours été relevée par la piété des fidèles. Vers 1620, après les ravages sacrilèges des huguenots, Etienne de Galinet, abbé commendataire de la Piscine, la réédifia, et, en 1822, la fabrique de Chaumont fit construire l'humble édifice qui existe à cette heure, pour réparer les ruines faites par la Révolution.

Il ne se passe pas de semaine, même

en hiver, que de nombreux pèlerins ne viennent prier sainte Olive et sainte Libérète. Ils s'approchent de la fontaine, y trempent des linges pour les poser sur le corps des malades, mêlent l'eau miraculeuse à leur breuvage, et demandent avec une confiance touchante toute sorte de grâces pour le corps et pour l'âme.

Le lundi de la Pentecôte, d'après un usage très ancien, les habitants de Chaumont se rendent en procession à la chapelle de sainte Olive ; les fidèles des paroisses environnantes accourent de toute part et, pieuse pensée, le chef de saint Berthauld, porté par des jeunes gens, s'avance en triomphe, comme pour prendre la plus large part des hommages rendus à celles dont il fut le guide sûr et le père bien-aimé (1).

§ IX. — SA BIENHEUREUSE MORT.

Nous n'en savons que ce que mentionnent les Actes. Les circonstances édifiantes qu'ajoutent les biographes postérieurs n'en sont qu'une paraphrase, et le long discours que Lieutau met sur les lèvres du saint vieillard mourant rappelle trop ces amplifications oratoires, si chères à certains vieux auteurs.

---

1. V. *Notice historique sur les pèlerinages de sainte Olive et de sainte Libérèle*, par le P. Félix Fressencourt, de la Compagnie de Jésus.

CHAPITRE IIII.

Apostolat posthume de saint Berthauld.

À Vrai dire, les saints ne meurent pas. Non seulement ils échangent une vie misérable contre une vie bienheureuse, mais ils perpétuent sur la terre leur action bienfaisante, et, sûrs désormais de leur propre salut, ils n'ont plus de sollicitude que pour leurs frères encore en exil.

L'histoire de saint Berthauld ne s'achève pas à l'heure où il rendit son âme à Dieu ; je dirais volontiers qu'elle commence. Jusque-là il allait, comme dit le prophète, pleurant et jetant la semence, et depuis treize siècles il moissonne dans la joie.

Plusieurs, à son exemple, durant sa vie et après sa mort, se livrant aux jeûnes et à la prière dans la solitude, à la prédication chrétienne et à l'apostolat sur la colline de Chaumont et dans les campagnes environnantes, se vouèrent à Dieu pour continuer l'œuvre du saint ermite. Pendant de longs siècles ils gardèrent précieusement l'héritage de leur père, et en 1078 ils eurent pour dignes successeurs des Chanoines réguliers de Saint-Augustin, auxquels Roger II, comte de Porcien, bâtit une église que saint Arnould, évêque de Soissons, bénit en 1082.

Cette église avait été bâtie sur la montagne, au-dessus du château de ce généreux bienfaiteur, qui y fut enterré avec sa femme Adélaïde. Roger III, fidèle aux traditions paternelles, fit confirmer les donations de sa famille par Raoul, archevêque de Reims, et fut inhumé à son tour au même lieu, auprès de son père et de sa mère.

Leur descendant, Henri de Porcien, qui possédait par indivis la terre de

Chaumont avec sa sœur Élisabeth, femme de Clérambaud de Rosoy, remplaça les Augustins par les fils de saint Norbert, et fit bâtir aux Prémontrés une nouvelle église, que consacra en 1147 un autre évêque de Soissons, Arnould de Pierrefonds.

Les seigneurs de Rosoy affectionnaient tout particulièrement l'église de Chaumont, au point de lui faire sans cesse de nouvelles libéralités ; de leur côté, les comtes de Porcien continuaient l'œuvre bienfaisante de leurs ancêtres.

Mais à ce temps de prospérité succédèrent de terribles épreuves. Après l'invasion anglaise vinrent les guerres religieuses. Les « réformés » de Sedan brûlèrent l'abbaye et le bourg, brisèrent les reliquaires, les statues, les autels et accablèrent les religieux de mauvais traitements. Puis ce furent de longs démêlés entre le comte et les religieux, qui aboutirent à la translation de l'abbaye « au lieu dit *la Piscine*, terroir de Remaucourt (1623). »

Avec quels regrets on dit adieu à la sainte montagne de Chaumont qui rappelait le souvenir du vénérable fondateur ! Du moins on ne perdit rien du trésor de ses vertus. La réforme introduite en 1641 fit refleurir l'observance monastique dans sa rigueur primitive, et jusqu'à la Révolution la communauté donna l'exemple d'une parfaite régularité.

Vint l'affreuse tourmente où la France faillit périr. Les religieux furent dispersés et Dieu se choisit parmi eux un martyr. Ce fut le R. P. Flocon, religieux de la Piscine et curé de Remaucourt, qui, arrêté dans sa propre église, fut guillotiné à Saint-Mihiel.

Et puis, tout disparut de l'antique abbaye, même les ruines. Mais, avant de quitter leur maison, les Prémontrés avaient déposé le chef de saint Berthauld, qu'il savaient emporté de Chaumont, entre les mains de M. J. A. Poincignon, prieur-curé de cette paroisse, qui le déposa solennellement dans son église le 4ᵉ dimanche après Pâques, 22 mai 1791.

Ce sanctuaire, en 1794, eut le sort de tous les autres. Rien n'échappa au pillage. Le 20 novembre on enleva, avec les vases sacrés, le reliquaire ; mais le chef de saint Berthauld avait heureusement été recueilli et caché par le prieur-curé et demeura dans un lieu secret jusqu'en 1802, époque à laquelle on le transféra, le jour de Noël, derrière le grand autel de l'église paroissiale, depuis détruite.

Cependant le peuple de Chaumont n'avait pas oublié celui qui, au prix de tant de travaux, lui avait procuré le plus grand de tous les biens, la foi chrétienne. L'orage passé, il reprit les pieux usages d'autrefois. Chaque année, de nombreux pèlerins, conduits par le curé de la paroisse, gravissaient en chantant des cantiques la sainte montagne. Les reliques de saint Berthauld étaient portées en grande pompe et recevaient de solennels hommages.

Réduits à les déposer, au sommet de la colline, sous un dôme de feuillage, les bons habitants de Chaumont s'imaginaient être revenus au temps où l'ermite-apôtre habitait au milieu de leurs ancêtres dans une cabane construite de ses mains.

Mais un généreux chrétien pensa

que c'était trop peu pour honorer une telle mémoire. M. Fressencourt entreprit de reboiser complètement *la Butte de saint Berthauld*. Aujourd'hui, grâce à son zèle intelligent et à ses larges libéralités, de grandes lignes sinueuses, bordées de taillis, convergent jusqu'au sommet du monticule et aboutissent à l'oratoire monumental construit à grands frais par ses soins. L'édifice, chapelle et château-fort tout ensemble, représente un donjon quadrangulaire flanqué de quatre tourelles ornées de leurs meurtrières et de leurs mâchicoulis, et couronné d'un dôme que surmonte une lanterne portant la croix. Cette chapelle a douze mètres de large sur seize de long, y compris l'abside où est placé l'autel.

S. E. le cardinal Langénieux, archevêque de Reims, venu à Chaumont le 8 septembre 1884 pour consacrer la nouvelle église paroissiale, bénit le lendemain l'oratoire de la montagne, qui marque le lieu où saint Berthauld passa les longues années de sa vie pénitente.

Une magnifique châsse de bronze doré, ornée de pierreries, dont le savant P. Ch. Cahier a dirigé l'exécution, reçut le chef de l'ermite-apôtre et fut placée sur l'autel latéral de la nouvelle église. A l'intérieur du gracieux édicule on lit cette inscription,

qui résume fort bien les sentiments de gratitude et d'espérance qu'excitent dans le cœur de tous les Chaumontais le souvenir de leur saint Patron :

GRATES PRO BENEFICIIS ACCEPTIS,
SPE NIXI ACCIPIENDORUM.

Les bienfaits du passé sont, en effet, le gage certain des bienfaits à venir (1).

1. Cette châsse est le don des familles Fressencourt et de Grégneuil, unies par alliance, dont les noms sont inscrits à l'intérieur.

M. FRESSENCOURT.

Né à Chaumont en 1810, M. Isidore Fressencourt fit ses études d'abord chez M. Lefranc, doyen de la paroisse, puis à Fribourg, en Suisse, au collège des Pères de la Compagnie de

Jésus, enfin à Paris, où il suivit quelque temps les cours de l'école de droit.

Après un voyage à Rome, il s'allia à l'honorable famille Dérodé, de Reims; mais, un an plus tard, ayant eu la douleur de perdre sa pieuse compagne, il quitta cette ville, vers 1843, et regagna son pays natal.

Nommé bientôt conseiller municipal et trésorier de la fabrique, il remplit ces fonctions durant quarante-cinq ans.

Homme d'une foi profonde, d'un zèle ardent, il érigea en 1847, non loin du cimetière, un Calvaire de vastes dimensions. La même année, modeste émule de l'hydroscope l'abbé Paramel, il consacra 28.000 francs à creuser de magnifiques tranchées-galeries, qui, sans réaliser complètement la pensée de l'auteur, procurèrent néanmoins un supplément d'eau bien utile dans les temps de sécheresse. Il fournit d'ailleurs ainsi de l'ouvrage et des ressources aux travailleurs de la localité.

Apiculteur et pisciculteur, il possédait beaucoup d'abeilles, et en 1865 il occupait nombre d'ouvriers à la création d'un beau vivier, avec chalet et barque.

Propriétaire de la montagne où jadis s'élevait l'abbaye et le château de Chaumont, il fit exécuter en 1873, sur cet emplacement, de nombreuses fouilles, grâces auxquelles il exhuma des squelettes humains, des pièces de monnaie, des fûts de colonnes, des chapiteaux, des ferrures, des tuiles, provenant de constructions disparues.

Bientôt le *Calvus Mons*, Chaumont, ne méritait plus son nom : le reboisement était entrepris; toutes nos essences forestières ou d'agrément embellissaient ce pittoresque coteau : bouleaux, charmes, sapins, pins, mélèzes, cèdres du Liban, chèvrefeuilles, houx, lianes, etc.

En 1859, il construisait une fabrique de produits céramiques très appréciés pour le drainage du sol humide de la contrée et pour les constructions rurales.

Deux ans après, plus de 800 mètres de chemins, aujourd'hui classés, construits uniquement à ses frais, desservaient, outre l'établissement dont nous venons de parler, plusieurs *écarts* de Chaumont.

Dévoué de cœur à la cause de l'enseignement chrétien, il fournit, sans aucune rémunération, pendant vingt-cinq ans, un local à l'école des filles, dirigée par des religieuses.

Chercheur obstiné, il avait acquis à force d'études, de voyages et de lectures, des notions nombreuses et variées en horticulture, en hydroscopie, en anatomie, en numismatique, en archéologie, sujets sur lesquels il se plaisait à discourir.

Enfin, en 1876, M. Fressencourt édifiait, *Ad majorem Dei gloriam*, à la plus grande gloire de Dieu, — c'était son expression favorite, — au sommet de la montagne, le magnifique oratoire, création originale dont nous avons parlé déjà.

Plus de 60.000 francs furent consacrés à ces travaux, qui occupèrent des ouvriers durant plusieurs années.

Aussi, quand il mourut, Chaumont tout entier eut à cœur de lui témoigner sa reconnaissance ; une foule nombreuse l'accompagna à sa dernière demeure, et le souvenir de ce grand chrétien se conserve pieusement parmi ceux auxquels il a laissé, avec l'exemple d'une vie si bien remplie, les monuments durables de sa piété envers saint Berthauld.

Saint Berthauld de Chaumont.

Le Saint, vêtu de la robe et du manteau des ermites, a le chapelet à la ceinture, la main gauche sur un bâton à potence qui rappelle le pèlerin, tandis que la droite, ouverte et étendue, fait le geste du maître qui instruit. Sous son pied, une couronne et un sceptre près d'un rameau, emblème de sa solitude au milieu des bois. Des verges et des manicles, servant autrefois à corriger et à maintenir les possédés, indiquent le principal miracle du thaumaturge tout-puissant contre les démons.

Litanies de saint Berthauld (1).

Kyrie, eleison.
Christe, eleison.
Kyrie, eleison.
Christe, audi nos.
Christe, exaudi nos.
Pater de cœlis, Deus, miserere nobis.
Fili, Redemptor mundi, Deus, miserere nobis.
Spiritus Sancte, Deus, miserere nobis.
Sancta Trinitas, unus Deus, miserere nobis.
Sancta Maria, ora pro nobis.
Sancta Dei Genitrix,
Sancta Virgo virginum,
Sancte pater Berthalde,
Sancte Berthalde, imitator Jesu Christi,
Sancte Berthalde, Locorum Sanctorum visitator,

ora pro nobis.

---

1. Bollandistes, *Acta Sanctorum*, III junii, p. 105.

Sancte Berthalde, amator Crucis,
Sancte Berthalde, amator caritatis,
Sancte Berthalde, amator castitatis,
Sancte Berthalde, amator omnium virtutum,
Sancte Berthalde, pater amabilis,
Sancte Berthalde, pater admirabilis,
Sancte Berthalde, bone custos filiorum tuorum,
Sancte Berthalde, benigne dilector proximorum tuorum,
Sancte Berthalde, fidelis ut Abraham,
Sancte Berthalde, obediens ut Isaac,
Sancte Berthalde, luctator ut Jacob,
Sancte Berthalde, castus ut Joseph,
Sancte Berthalde, contemptor mundi,
Sancte Berthalde, profligator dæmonum,
Sancte Berthalde, patrator miraculorum,
Sancte Berthalde, sal et decus morum,
Sancte Berthalde, sectator humanitatis,
Sancte Berthalde, speculum perfectionis,

ora pro nobis.

Sancte Berthalde, regula paupertatis,
Sancte Berthalde, norma abstinentiæ,
Sancte Berthalde, flos pietatis,
Sancte Berthalde, lux devotionis,
Sancte Berthalde, lux orationis,
Sancte Berthalde, lux contemplationis,
Sancte Berthalde, forma pœnitentium,
Sancte Berthalde, exemplum virtutum omnium,
Sancte Berthalde, protector ad te clamantium,
Sancte Berthalde, refugium miserorum,
Sancte Berthalde, resuscitator mortuorum,
Sancte Berthalde, comes sanctorum omnium,
ora pro nobis.

Agnus Dei, qui tollis peccata mundi, parce nobis, Domine.

Agnus Dei, qui tollis peccata mundi, exaudi nos, Domine.

Agnus Dei, qui tollis peccata mundi, miserere nobis.

℣. Ora pro nobis beate pater Berthalde ;
℟. Ut digni efficiamur promissionibus Christi.

OREMUS

Omnipotens sempiterne Deus, qui per gloriosa sancti Berthaldi confessoris exempla humilitatis et paupertatis nobis triumphale iter ostendisti ; da quæsumus, ut viam pœnitentiæ salutaris, per quam ille venerabilis pater noster antecessit illæsus, ejus nos præclaris meritis adjuti, sine errore sequamur.

Per Christum Dominum nostrum.

Amen.

Les mêmes, en français.

Seigneur, ayez pitié de nous.

Christ, ayez pitié de nous.

Seigneur, ayez pitié de nous.

Père céleste, qui êtes Dieu, ayez pitié de nous.

Fils Rédempteur du monde, qui êtes Dieu ayez pitié de nous.

SAINT BERTHAULD. 83

Esprit Saint, qui êtes Dieu, ayez pitié de nous.

Trinité sainte, qui êtes un seul Dieu, ayez pitié de nous.

Sainte Marie, priez pour nous.

Sainte Mère de Dieu,
Sainte Vierge des vierges,
Saint Berthauld, notre père,
Saint Berthauld, imitateur de Jésus-Christ,
Saint Berthauld, pèlerin aux Lieux Saints,
Saint Berthauld, amateur de la Croix,
Saint Berthauld, amateur de la charité,
Saint Berthauld, amateur de la chasteté,
Saint Berthauld, amateur de toutes les vertus,
Saint Berthauld, père aimable,
Saint Berthauld, père admirable,
Saint Berthauld, gardien fidèle de vos fils,
Saint Berthauld, plein de bénignité et d'amour pour le prochain,
Saint Berthauld, fidèle comme Abraham,
Saint Berthauld, obéissant comme Isaac,
Saint Berthauld, fort comme Jacob,

priez pour nous.

Saint Berthauld, chaste comme Joseph,
Saint Berthauld, contempteur du monde,
Saint Berthauld, vainqueur des démons,
Saint Berthauld, qui opérez des miracles,
Saint Berthauld, sel et splendeur des mœurs,
Saint Berthauld, disciple de la charité,
Saint Berthauld, miroir de la perfection,
Saint Berthauld, règle de la pauvreté,
Saint Berthauld, modèle d'abstinence,
Saint Berthauld, fleur de piété,
Saint Berthauld, flambeau de la dévotion,
Saint Berthauld, flambeau de l'oraison,
Saint Berthauld, flambeau de la contemplation,
Saint Berthauld, parfait pénitent,
Saint Berthauld, exemple de toutes les vertus,
Saint Berthauld, protecteur de tous ceux qui ont recours à vous,
Saint Berthauld, refuge des malheureux,
Saint Berthauld, qui avez ressuscité des morts,
Saint Berthauld, concitoyen des saints,

priez pour nous.

Agneau de Dieu, qui effacez les péchés du monde, pardonnez-nous, Seigneur.

Agneau de Dieu, qui effacez les péchés du monde, exaucez-nous, Seigneur.

Agneau de Dieu, qui effacez les péchés du monde, ayez pitié de nous, Seigneur.

℣. Priez pour nous, bienheureux Berthauld;

℟. Afin que nous devenions dignes des promesses de Jésus-Christ.

PRIONS

Dieu tout puissant et éternel, qui, par les glorieux exemples de saint Berthauld, confesseur, nous avez montré le chemin triomphant de l'humilité et de la pauvreté, faites-nous suivre sans écart, par le secours de ses éclatants mérites, le sentier de la salutaire pénitence où il nous a précédés sans défaillance ; nous vous en prions par Notre Seigneur Jésus-Christ. Ainsi soit-il.

Prière à saint Berthauld.

Grand saint, notre vénéré patron, vous avez été choisi de Dieu pour annoncer la bonne nouvelle de l'Evangile à nos pères ; de païens qu'ils étaient, vous en avez fait, par les longs travaux de votre apostolat, les vrais enfants de l'Église.

Durant près de treize siècles, par des bienfaits que nous ne saurions assez reconnaître, vous n'avez cessé de bénir et de protéger les générations qui se sont succédé dans ce pays ; et à cette heure, nous sommes certains que vous nous aimez : c'est ce qui nous comble de joie et excite notre confiance.

Ô bienheureux père, obtenez-nous à tous une foi généreuse ; aidez-nous à faire régner dans nos cœurs l'amour de Dieu et de Notre-Seigneur Jésus-Christ ; que notre Mère la sainte Église trouve toujours en nous le dévouement et l'obéissance, en particulier la fidélité aux devoirs de la sanctification du Dimanche et de la Communion pascale !

Bénissez toutes les familles de cette paroisse ! Ce n'est pas assez, prenez-les sous votre protection particulière ; éloignez-en tous les accidents, le péché surtout, qui les souillerait et les rendrait malheureuses ; enfin, faites régner parmi elles les vertus qui sanctifient les âmes, et donnez-nous à tous, aux pères et aux enfants, le vrai bonheur, le bonheur d'une vie chrétienne dans l'attente de l'éternelle félicité !

Ainsi soit-il.

Prière à sainte Olive et à sainte Libérète.

Sainte Olive et sainte Libérète, qui avez appris de saint Berthauld à servir DIEU parfaitement, obtenez à ceux qui vous invoquent la grâce de la foi et le bonheur de la conserver dans leur famille.

Ainsi soit-il.

Invocations à Ste Olive et à Ste Libérète.

Sainte Olive et sainte Libérète, priez pour nous.

Sainte Olive et sainte Libérète, obtenez-nous :

 l'amour de DIEU ;
 le don d'une foi vive ;
 la confiance en DIEU ;
 l'observation des préceptes divins ;
 l'amour de Notre-Seigneur JÉSUS-CHRIST ;
 l'amour de l'Église ;
 l'obéissance aux préceptes de l'Église
 la fidélité aux devoirs de notre état
 le pardon de nos péchés ;
 une sincère pénitence ;
 une sainte mort.

Sainte Olive et sainte Libérète, protégez-nous et nos familles.

(Indulgence de 40 jours accordée par S. E. le cardinal Langénieux, 23 mai 1881.)

Prière à l'usage des pèlerins de sainte Olive et de sainte Libérète.

O DIEU, qui, par vos miséricordes, avez mis dans les créatures, pour la gloire de vos saints et pour le soulagement de nos misères, des vertus surnaturelles : accordez-moi, en vue de votre saint service et de ma sanctification, la faveur que je vous demande avec confiance par l'intercession et les mérites de sainte Olive et de sainte Libérète, vos vierges si fidèles et si généreuses. Par N.-S. JÉSUS-CHRIST, votre Fils, qui règne aux siècles des siècles.

Ainsi soit-il.

Cantique
en l'honneur de Saint Berthauld.

Refrain.

Gloire au patron de nos contrées,
A notre apôtre, à saint Berthauld !
De ses reliques vénérées
Entourons le sacré dépôt.

I.

Enfant des monarques d'Écosse
Il préfère au sceptre des rois,
Dans l'élan d'un amour précoce
Le sceptre de Jésus, la Croix !
Il traverse l'Europe entière,
Il va vénérer les Lieux Saints ;
Interrogé dans la prière,
Dieu lui révèle ses desseins.

2.

Loin de la maison paternelle,
Amand part d'Ecosse avec lui :
Pour courir où Dieu les appelle,
Sans hésiter tous deux ont fui.
D'une planche l'abri fragile
Les porte au rivage gaulois ;
Pour les conduire à leur asile,
Un lion est sorti des bois.

3.

L'enfer, les hommes, la nature
De Chaumont disputent l'abord ;
Mais du Ciel la victoire est sûre,
Et Berthauld sera le plus fort.
Devant lui tombent les obstacles,
Ses vertus touchent les païens,
Ses mains opèrent des miracles,
Et nos aïeux se font chrétiens.

4

Des Francs alors vivait l'Apôtre,
Et Berthauld visita Remy ;
Un saint en reçoit bien un autre ;
De Remy Berthauld fut l'ami.
Dans Reims il se livre à l'étude,
Il est fait prêtre du Seigneur,
Puis retourne en sa solitude
Pour y jouir de son bonheur.

5.

Tandis qu'en sa sainte retraite
Il prêche le Sauveur Jésus,
Cinquante ans ont blanchi sa tête
Et fortifié ses vertus.
Averti de l'instant suprême,
Sans trouble il prend congé d'Amand,
Et dans les mains du Dieu qu'il aime
Remet son esprit doucement.

6.

Votre passage sur la terre,
Grand Saint, purifia ces lieux :
Votre influence salutaire
S'exerce encor du haut des cieux.
Les dons que notre foi réclame,
Prodiguez-les en ce beau jour ;
Et qu'ici pas une seule âme
De Jésus n'ignore l'amour.

Vu et permis d'imprimer.

B. M., *Arch. de Reims.*

Reims, le 13 Juin 1877.

Cantique
aux vierges saintes Olive et Libérète.

Refrain.
O Vierges sœurs, ô puissantes Patronnes,
Obtenez-nous vos vertus, vos couronnes,
   Nous vous implorons à genoux,
  Vierges sœurs, puissantes Patronnes,
   Nous vous implorone à genoux,
  Du haut du ciel protégez-nous,
  Du haut du ciel protégez-nous,
  Du haut du ciel protégez-nous.

I.

Le monde à la folle espérance
S'offrit en vain à votre cœur ;
Vous avez choisi la souffrance,
Et suivi la voix du Seigneur.

SAINT BERTHAULD.

2.

Près d'une source solitaire,
Au fond des bois silencieux,
Loin des vains soucis de la terre,
DIEU vous donna la paix des cieux.

3.

Notre apôtre et notre modèle,
Berthauld, soutint votre ferveur,
Et guida votre âme fidèle
Sur les pas sacrés du Sauveur.

4

Pareille au lis de la vallée,
Fleur éclose aux regards de DIEU,
Pour Lui votre vie immolée
Longtemps parfuma ce doux lieu.

5.

Quand l'heure de la délivrance
Et du repos enfin sonna,
JÉSUS fut votre récompense,
Et sa bonté vous couronna.

6.

Dans cette paisible retraite
Où pour DIEU s'écoulaient vos jours,
Vos noms, Olive et Libérète,
Et vos vertus vivront toujours.

7.

Sur ce pays qui fut le vôtre,
Du ciel, répandez vos faveurs ;
Avec Berthauld, le grand apôtre,
De tout péché gardez nos cœurs.

8.

Conservez-nous votre héritage :
Votre foi, votre pureté ;
Que le ciel soit notre partage
Avec vous, pour l'éternité.

P. DELAPORTE, S.-J.

Imprimé par Desclée, De Brouwer et Cie, LILLE.

www.ingramcontent.com/pod-product-compliance
Lightning Source LLC
Chambersburg PA
CBHW070301100426
42743CB00011B/2295